AVENTURAS EN LA CULTURA

CELEBRACIONES
EN EL MUNDO

Charles Murphy

Gareth Stevens
PUBLISHING

Please visit our website, www.garethstevens.com.
For a free color catalog of all our high-quality books,
call toll free 1-800-542-2595 or fax 1-877-542-2596.

ISBN 9781538251737 (pbk.)
ISBN 9781538251744 (eBook)

Published in 2020 by
Gareth Stevens Publishing
111 East 14th Street, Suite 349
New York, NY 10003

Copyright © 2020 Gareth Stevens Publishing

Translator: Zab Translation Solutions
Designer: Andrea Davison-Bartolotta and Bethany Perl
Editor: Therese Shea

Photo credits: Cover, p. 1 gagarych/Shutterstock.com; pp. 2–24 (background texture) Flas100/Shutterstock.com; p. 5 wavebreakmedia/Shutterstock.com; p. 7 Kobby Dagan/Shutterstock.com; p. 9 Anthony Pappone/Moment/Getty Images; p. 11 123Nelson/Shutterstock.com; p. 13 T photography/Shutterstock.com; p. 15 Atid Kiattisaksiri/LightRocket/Getty Images; p. 17 GUILLERMO LEGARIA/AFP/Getty Images; p. 19 Iakov Filimonov/Shutterstock.com; p. 21 The Asahi Shimbun/The Asahi Shimbun/Getty Images.

Printed in the United States of America

CPSIA compliance information: Batch #CG19WL: For further information contact Gareth Stevens, New York, New York at 1-800-542-2595.

CONTENIDO

Las palabras en **negrita** aparecen en el glosario.

¡Llegó la fiesta!

¿Te gustan las fiestas? Tu familia, tu escuela y tu comunidad probablemente tengan muchas **celebraciones** especiales. Quizá celebren Halloween, Navidad, el Cuatro de Julio y los cumpleaños. En muchas **culturas** del mundo también se celebran momentos especiales de maneras especiales.

Día de los Muertos

Esta festividad se celebra, mayormente, en México y otras regiones de **Latinoamérica** para honrar a los seres queridos que han muerto. ¡Es un día especial de comida y regalos!

Quizá conozcas el nombre en inglés de esta celebración: Day of the Dead.

Festima

Todos los febreros las personas del oeste de África se juntan para celebrar Festima. En Burkina Faso, este **festival** se celebra con máscaras, hechas con hojas, paja, madera y otros materiales.

Las máscaras se han usado en África durante miles de años para honrar a los **ancestros** y los espíritus.

Año Nuevo Chino

El Año Nuevo Chino se celebra entre el 21 de enero y el 20 de febrero. ¡Dura quince días! Durante ese tiempo, las personas visitan a sus familias. Se visten de rojo y miran fuegos artificiales. Puede haber un desfile con un largo dragón, **símbolo** de la buena suerte.

Carnaval

El Carnaval es un festival de primavera de todo el mundo. En Suiza, las personas hacen ruido tocando campanillas para celebrar el final del invierno. En Italia, las personas usan **disfraces**. El Carnaval más famoso es probablemente el de Río de Janeiro, en Brasil. Tiene música, desfiles y bailes.

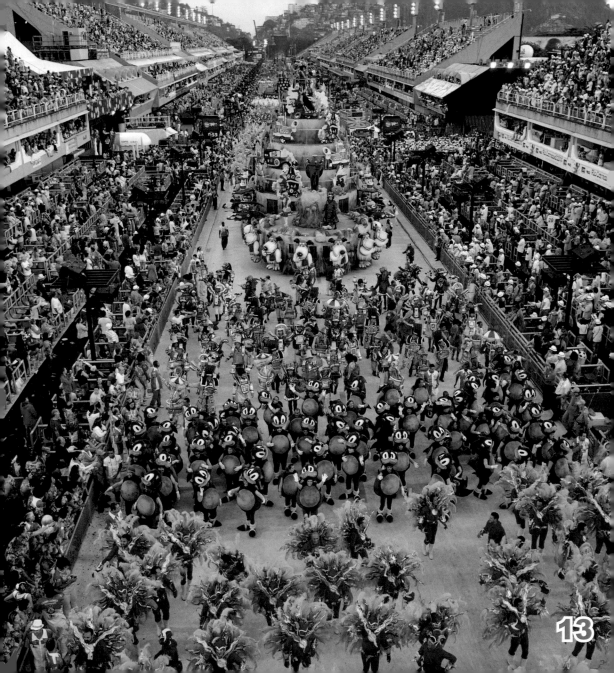

13

Loy Krathong

Loy Krathong se celebra en Tailandia, en el sudeste de Asia. Miles de personas sueltan **lámparas** de papel que vuelan al cielo. Otras personas, hacen flotar por los ríos lámparas con velas y flores. Así las personas piden tener buena suerte.

La Tomatina

En la ciudad de Buñol, en España, se celebra un festival llamado La Tomatina. ¡Miles de personas se arrojan tomates! Nadie está seguro de cómo comenzó este festival. Hoy en día, aproximadamente 20,000 personas se juntan cada agosto para disfrutar esta gigantesca pelea de tomates.

Holi

Holi es un festival de primavera que se celebra en India, en febrero o marzo. Algunas veces se lo llama Festival de los Colores. Las personas lo celebran por razones **religiosas** y para darle la bienvenida a la primavera. ¡Se lanzan agua o polvo coloreados como parte de la diversión!

19

Obon

Obon es un festival celebrado en Japón en julio o agosto. Es un momento para honrar a los ancestros. Las personas encienden lámparas y las ponen a flotar en el agua. También realizan un baile especial llamado Bon-Odori. ¿Qué festival te gustaría celebrar?

21

GLOSARIO

ancestro: una persona de tu familia que vivió mucho tiempo antes que tú.

celebración: un momento para honrar algo realizando actividades especiales.

cultura: un pueblo que tiene determinadas creencias y formas de vida.

disfraz: la ropa que alguien usa para intentar parecer otra persona o cosa.

festival: un momento o evento especial en el que las personas se reúnen para celebrar algo.

lámpara: una luz rodeada por algo que la protege.

Latinoamérica: la tierra ubicada al sur de Estados Unidos.

religioso: que tiene que ver con la creencia en un dios o dioses.

símbolo: una imagen o forma que representa otra cosa.

PARA MÁS INFORMACIÓN

LIBROS

Glatzer, Jenna. *Native American Festivals and Ceremonies.* Philadelphia, PA: Mason Crest, 2014.

Liao, Yan. *Food and Festivals of China.* Philadelphia, PA: Mason Crest Publishers, 2013.

Rissman, Rebecca. *A World of Festivals.* Chicago, IL: Heinemann Library, 2012.

SITIOS DE INTERNET

Holidays: A Sampler from Around the World
www.scholastic.com/teachers/article/holidays-sampler-around-world
En este sitio puedes leer más sobre los días festivos.

Winter Celebrations
kids.nationalgeographic.com/explore/winter-celebrations/
Descubre las distintas celebraciones de invierno de todo el mundo.

ÍNDICE